별 하나

성완용 시집

심지시선 048

별 하나

2023년 4월 25일 초판 1쇄 발행

지은이 성완용
펴낸이 윤영진
기획편집 함순례
홍 보 한천규
펴낸곳 도서출판 심지
등록 제 2003-000014호
주소 34570 대전광역시 동구 대전천북로 12
전화 042 635 9942
팩스 042 635 9941
전자우편 simji42@hanmail.net
ⓒ성완용 2023
ISBN 978-89-6627-237-2 03810
* 저자와의 협의에 의해 인지를 생략합니다.
* 이 책 내용의 전부 또는 일부를 재사용하려면 저자와 심지 양측의 동의를 받아야 합니다.

심지시선 048

별 하나

성완용 시집

자서自書

저를 보시오?

저도 평범平凡하게 살지는 않았지만, 세상 풍파風波 지내면서 덕德을 남에게 주지는 못했지만 선善하게 살아왔습니다.
칠십 넘어 괴이怪異한 일로 눈물 많이 흘렸소.
이제 애상哀傷을 훌훌 벗고 다시 글을 쓰려고 합니다.
공자孔子는 재상宰相 하려다 꿈을 날리고 그래서 위기일발危機一髮 면한 후 명 강의講義를 했소.
맹자孟子도 관직 이리저리 찾아보았지만 왕도王道의 꿈 실현 못 하고 롱단壟斷 후에 제자들을 길렀소.
문왕文王은 옥獄에서 주역周易을 지었고, 부인도 남편의 뜻을 받들어 역경易經을 만들었소.
굴원屈原의 충성심忠誠心을 시기하여 귀양살이하며 이소離騷와 어부가漁父歌를 짓고 몸에 돌을 묶어 멱라수에 빠졌다오.
사마천司馬遷은 이광의 연좌죄가 부당하다고 간하다

가 궁형宮刑을 당하고는 사기史記를 썼소.
곤궁困窮함을 이기지 못하며 갖은 역경逆境 속에서 빛나는 일들이지요.
내! 지옥 천당 가지는 않았으나 다 맛 본 사람이오.
2017. 1.26일 청천벽력 같은 소식 듣고 1.27일 두 시부터 너무나 많은 눈물 흘리며 그때부터 글을 씁니다.
중학교 때 국어 선생님께서 시詩 잘 짓는다고 호號를 지어 주기를 심정心情이라 불렀소.
73 나이에 호를 바꾸었소.
이제 돌아가자.
돌아가야지.
마음으로나마 당골 뒤뜰(음성군 원남면 하당리 자연부락 이름)에서 살던 곳 뒤 뜰로, 자작 호 후평後坪, 아무 욕심도 없습니다.
이제 주름살 손 다리미질하며 더 이상 말하지는 않겠소.

단풍丹楓 곱게 물든 나이에 나의 심정, 읽고, 보고, 들은 해방 후(40년대 후부터) 찌든 삶에 지나온 일들을 생각나는 대로 사설(辭說 : 잔소리와 푸념) 같은 시 한 수 몇 줄 써서 올리오니 좋게좋게 읽어주시면 고마울 뿐입니다.
단풍잎 떨어지고 눈보라 칠 때 함박눈이 많이 쌓이면 나도 없겠지.

2023년 봄날에
후평 성완용

차례

자서自書　005

제1부 뒤뜰

고추잠자리　016
거울　018
뒤뜰 1　019
뒤뜰 2　020
뒤뜰 3— 청천 화양구곡 後坪　023
모두 고향의 집　024
비렁뱅이 뜰　026
젊음의 사랑　029
아침 명상　030
느티나무 1　032
느티나무 2　034
너무 어릴 때　036
풍경風景　037
오뉴월 살림살이　040
빗물　042

제2부 어머님

눈 오는 겨울밤 044
방차고개 046
별 하나 048
어머님의 밥상 051
세수 052
어머님 마음 054
어머님의 말씀 056
옷 세 벌 058
주검 062
제사祭祀 063
가을이 익어가는 소리 066
자식들 잘되라고 068
초승달 070
홍시의 사랑 071
영광榮光 072

제3부 슬픔

눈물 076
마음— 아들을 본 心情 078
슬픔 080
아들아 돌아오라 082
어이 어이 1 084
어이 어이 2— 흘러가는 세상世上 086
애환哀患— 내 자식 옹이로 남아 092
울지 마라 094
삶 097
달 1 098
달 2 100
달 3 102
잠자는 달達— 아들 105
강물에 비치는 달 109
염라대왕閻羅大王 112
불火 114

제4부 목련

꽃 절— 화사花寺　118

느티나무 산마루　120

귀뚜라미 노래　121

니도 그러냐　122

햇빛　126

빈 그림자— 빈 잔　128

빈 놈들　130

목련木蓮의 가여움　132

세월 1— 흘러간다　134

세월 2— 묻지 말라　137

두 황혼黃昏　140

호박꽃　142

황혼黃昏 1　143

황혼黃昏 2　144

제5부 그리움에

봄 처녀 148
애상哀想 150
연을 띄우고 1 152
연을 띄우고 2 155
임의 그리움 158
사랑의 역 161
주막酒幕 162
가고픈 마음 163
고독 1 164
고독 2 165
고독 3 166
고독 4 167
고독 5 168
나무 위키 170
미선주美扇酒 173
하나를 이루려면 176

제1부
뒤뜰

고추잠자리*

고추잠자리
붉은 날갯짓에
뒷산
빨갛게
단풍들겠다

산비탈
붉은 수수밭에
고추잠자리 날게
살랑살랑
산불 나겠다

잠자리 떼
떼 지어
6, 9 자세 꼬리 잡고
짝짓기 가쁜 숨소리에
저녁노을 붉다

서쪽 하늘
코스모스 고갯짓
고추잠자리 떼
하늘 높이 솟구쳐 올라
초저녁 별이 된다

　　* 월간 종합 문예지《문학세계》2020년 11월호.

거울

산마루 지척거리던 여드레 반달이
거울에 들어와 나를 반긴다
우리네 유리알 같은 세상만사
마음을 넓게 하라고 가르친다

예쁘면 더욱 예뻐지라고
티 끝도 있나 없나? 가슴 속까지
마음을 열면 더욱 열라고
맑고 솔직함이 명경明鏡 이라고

나갈 때 들어올 때 몸맵시
지나간 일 새로운 일 다 보이는
저승에서도 착한 일 비춰준다고
내 사주까지 보여주는 거울

뒤뜰 1

여섯 살에
어른들의 이야기는
너의 애비 일찍 죽어
아비 없는 호래자식
커가면서 너무 서러웠던
어래산 밑에 옷 뒷벌 살던 나날들

어머님 눈물 감추며
동쪽 가막산 햇빛 넘치면
어린 아들 힘겹게 키워
하다못해 면서기지만
동네 아낙 샘물가에
죄다 모여 이야기는
청상과부 외아들이
뒤뜰에서 인물 났네!

뒤뜰 2

가막산에 동녘 햇살
날개 펴 죄다 보내면
잠자는 우리 아기 너무 귀여워
문틈으로 사~알짝 보고만 있다

생애의 첫걸음이
어래산 밑 당골 마을 뒤뜰
아지랑이 피는 것을
손으로 잡으려던 시절

앞들에 달랑 벼만이 자라고
뒤들 집 뒤 텃밭에는
밭고랑 바꿔가며
콩이며 이것저것 심던 뒤뜰

구석구석 고샅길 건너
처마에서 떨어지는 물방울 노래

언덕배기 올라오는 바람을 타고
귀뚜라미 소리에 잠들었다

올챙이와 벗을 하고
개구리 맹꽁이 밤새워
시끄럽고 반주 없는 노래지만
흥겨워 반갑게 웃어본다

열두 집 먹던 샘물
서쪽 칠색 무지개 솟구치면
산신령 안개가 산을 덮고
기지개를 켜는 청운의 꿈

늘어진 빨랫줄에
바라 장대를 받치고
고추잠자리 잠들고
뒤뜰 산 모두 붉게 오면

쓰름매미 소리 가을은 깊고
흰 박 달밤에 지붕에 앉아
어머니며 구름 속에 쌓인 초가집
흰 도화지에 뒤뜰을 한없이 칠해본다

뒤뜰 3
— 청천 화양구곡 後坪

재갈 대는 물소리 파 곳 물이 넘쳐
화양 아홉 골꼴 앞자락
송시열宋時烈이 올곧은 문장
서당 벗 삼아 꽃 피우며 글을 배우던
부처님 부랴부랴 은택 마을 뒤뜰

낙양산 숲, 마을 사람 괄시 없고
오수에 젖은 산 구름도 지앰지앰
기기요초 꽃들 햇볕을 담뿍 안고
다람쥐는 상수리에 앉아 도리도리
푸른 치마폭에 쌓인 뒤뜰

청벽에 노루가 약초 캐는 호미질
달, 별 보며 어리고 서린 마음도
어깨를 들썩이는 소나무 향 산울림 타고
하늘 아홉 골 곡마다 빗질하던
어머님의 가슴 품속 뒤뜰

모두 고향의 집

담장에 황매화 따라
복숭아 꽃 이어지면
붉은 봉선화 물들이며
누님 생각 그리워라

거름 밭에 서 있는 가중나무
하늘을 바라보면
해바라기 해님 따라
담장 너머 고게 짓

장독대 소복이 쌓인 눈에
어머님 가슴 속
감나무 앉은 까치
설날을 재촉한다.

토담 위에 닭들이 홰를 치고
참새들이 옆에서 기지개를

남촌에서 오는 봄바람
냉잇국을 끓인다

소낙비 맞으면서
원두막에 뛰어들어
가슴 적시는 시원함에
하늘로 올라가는 물고기

지붕에 올라간 흰 박에
밤이며 대추며
주머니에 가득 차며는
너도 주고 나도 준다

엄동설한 추위에도
고드름 따서 화롯불에 구워 먹자
긴긴밤 사랑방 마실
장이야 멍이야 하면
달빛도 쳐다보다 훈수하지!

비렁뱅이 뜰

비렁뱅이 뜰은
바닥이 다 타 버리면
가로 달리던 철마도 힘겨워
참았던 숨을 크게 토하면서
하늘에 검은 구름 뿌리며
한 숨소리 멀리 메아리치네

비렁뱅이 뜰
이 내 저 냇물 합수머리
작은 돌이며 모래가 모인
떡고물 살도 없는 데
주인도 쓸모도 없이 널려진 모래밭에
괭이 삽 호미질로 땀 흘리네

비렁뱅이 뜰
이리저리 가기도 힘든 데
남의 집에 매달리던 가난뱅이

제거라고 서로 정다움에
뽕밭 가꾸고 고구마 심고
꼬창모 호미 모 풍작을 비네

하느님도 무심하시지
어쩌다 장마 들 때
흙탕물 바다가 되고
곡식이 모두 뒤범벅으로 넘치면
갈개 내고 도랑 치던 비렁뱅이 뜰

기우제 드린 것도 소용없는지
어쩌다 가뭄 들면
구멍구멍 파고는
양동이에 물져다 채워도
곡식 힘겨워 마르는 비렁뱅이 뜰

삼신할머니 굶어 죽지 않는다더니

그나마 뽕나무 남았기에
오뉴월 추석 두 번 누에 쳐
물레질 길쌈질 번데기 먹으며
풀칠하며 살던 비렁뱅이 뜰

젊음의 사랑

젊음의 사랑을 모아 담아
마음속에 그려질수록
좋아하는 동굴 벽화

향기로 취해 손을 잡고
따라가면 갈수록
가슴속 파고드는 장미

체온보다 더 뜨거워
이글거릴수록
열정 속 끓는 용광로

아침 명상

쪽빛보다 더 푸른 강물이
가슴을 휘저으면
당신의 품속에 안긴 포부
그날을 잊으오리까?

어제도 그랬지만
당신을 두 손으로 잡으려면
아침부터 멀리 달아나는
오늘도 쳐다보아만 합니까?

일요일 아침 조용하지만
싱그러운 꽃처럼 풋풋한 생동감에
산사 산책길에 걸어서
시원한 옹달샘 한 모금

마음속 바라는 마음
가슴에 피어나는 꽃망울이

어쩌다 아름다움이 생기어
오늘이 있기를 바라는 마음

내년도 바람이 이리저리 불까?
똑같은 일을 매일 숨바꼭질하며
세월은 어디로 흘러가건만
오늘도 아침마당을 새롭게 꾸미네

시작은 난초에 물을 주며
저녁나절 꽃피려나
오늘도 바둥바둥 일터에는
나를 기다리는 아침마당

어제 매달리지 않던 그네
그림자를 붙들어 매어 놓아도
아름다운 미래를 가는 길손은
이슬이 마르기 전 길을 가리라

느티나무 1

몇백 년 버럭 질에
마을 이야기 다 들으며
동구 밖에서 마을 지켜 온
바람막이 귀신 막이
밤하늘에 별을 보는
눈비에 자란 느티나무 세 그루

둥글게 모여 앉든 격 없는 휴식처
옹기종기 돌의자가 반들반들
낮에는 일하다가 힘들면
만들어 놓은 공깃돌에 사방치기
까치는 반가운 손님이 왔다 알려 주던
동네 모두 벗 느티나무 세 그루

애, 어른 나와
큰 줄 늘어뜨리고
처녀 총각들 그네 타며 멀리 가자
뜨거운 여름이면 멍석 깔고

배 쭉 큰 대자 높이고, 밀짚모자 얼굴 부채질
지지고 볶고 천렵하던 느티나무 세 그루

액땜은 멀리 가라 던진 돌 쌓이고
문창호지 꿰맨 왼 새끼줄에
마을의 원귀, 집안의 액운을 풀리려던
두 손 모아 빌던 동네 수호신
배고프던 아이들이 고사 지낸 백설기를 먹으면
병도 효험 있던 느티나무 세 그루

여느 때나 장 개 뻉* 하고 숨바꼭질
사금파리로 줄 그으며 땅뺏기
비석 치기 고무줄 뛰놀았던 놀이터
엄마 아빠 나들이에 누이는 언제 올까?
이때나 저 때나 기다렸던 그리움
모든 사랑 정을 쌓은 느티나무 세 그루

* 장 개 뻉 : 가위바위보

느티나무 2

봄 향기 아지랑이 피어오르고
개나리 목련 창꽃 흐드러지게 피울 때
비둘기 구 구 구 사랑을 하면
고갯마루 돗자리에 주저앉아
느티나무가 해마다 말하네
늦게 봄철 기다렸다고

해님이 창살로 들어와
애기 잠 깨우치지 못하고
언덕길 내리막길 미끄럼틀
잎은 송 송 나날이 커가며
우리 손이 하늘을 가리키면
푸르름 속에 가끔 구름이 놀러 나온
느티나무는 바람을 져 어가며
동네를 내려다보고 웃는다

밤에만 꽃 피우는 느티나무는
아픔의 젖가슴이 떨어지는

몰래 피는 꽃망울 바라보며
우리 엄마 울음 아침 이슬
한낮 햇빛 떠밀면서
한 바가지 쌀을 담아 광에서 나온
느티나무가 밤에 몰래 감추어 둔
그림자를 만들며 아침을 연다

새 새댁 며느리 물동이 쥐고 울컥
고향 느티나무 생각하며
친정 어머님 쳐다보니
아가야 시집살이 삼 년 귀에 쟁쟁
마음도 살림도 세월도 묵어 버린 지 오랜
느티나무가 인고를 참아 온
이제 고목이 된 세 그루 동네 수호신

너무 어릴 때

아침 일찍
어둠 치래
눈 소복 쌓인 겨울
뚜껑 덮은 옹달샘 물을 퍼서
새롭게 얼굴을 씻는다.

소스라치게 놀란 얼굴
입술 새파랗게
솜털은 솟고 덩그라게 고드름
코 등 빨개져라
귀 멍멍,

어머니 질항아리 똬리 머리 얹고
나는 댑싸리로 마당을 쓸면
대문 사이 구수한 맛
세월이 흘러도 잊지 못하는
너무 어릴 때

풍경風景

한 겨울밤
고샅에서 울리는
안방 사랑방 애나 어른 귀에
따뜻한 목소리

찹쌀떡~ 사려
메밀묵~ 사려
이런 얘기 저런 얘기 하다
귀가 솔깃 커진다

한여름 낮
마을 어귀로부터
시원한 목소리
아이스케이크

어른, 아이 가릴 것 없이
십 원 들고 뛰어가

안 녹았으면 한 개
녹았으면 두 개

찬바람 불어도
느티나무 양지쪽에서
가위 소리 철걱철걱
박자도 없는 엿장수 맘대로

찢어진 고물 책
쇠스랑 부러진 것
다 떨어진 장화 고무신 들고
뛰어가 엿 바꾸지

뜨거운 더위에
큰 감나무 그늘에서
만물 다 구경하라고
수다 떠는 방물장수

땀 흘리며 부엌 마루에서
사카린 한 알 타서 휘휘 져서
시원하게 한 사발
애 어른 그때 풍경

오뉴월 살림살이

샘 넘어 옹달샘
    어머님 한숨
안태 고목나무
    아버님의 대고 바리 연기 잔뜩
아이야 어이하리
    멍석딸기 손에 들고

돼지 토끼풀 속에
    흰 씀바귀 하나
담장 밑에 앉은뱅이
    서러운 눈물
잠 못 이루는 나팔꽃
    하늘에 알리려나

해 뜰 때 항아리
    가슴이 비어있고
점심때 담장은

배가 불쑥 한데
저녁 낮에 지는 그림자
배가 고파 늘어진 바지랑대

빗물

비는 초가지붕을 미끄럼 타며
반주에 맞춰 노래를 부르고
더러운 것을 모두 털더니
찌든 더위도 모두 씻기고
대지를 모두 젖이시며
삼라만상森羅萬象을 기르고는
파도와 손을 잡고 꿈을 키운다

물은 하늘에 용이 되어
따스한 햇볕을 모두 받아
호롱불 잠든 사이
함박눈이 되어 땅을 덮고
평화로운 흰 그림 하나 그리면
차가운 북풍이 지나간 자리에
설란雪蘭이 그윽한 향기를 내 품는다

제2부
어머님

눈 오는 겨울밤*

정월 초이틀 익어가는 밤
별 하나 오시라고
창문 열고 기다리면
소리 없이 따스한 함박눈

차디찬 내 마음을
목화송이의 포근함으로
치마폭에 감싸주신
별 하나

흰 도화지 그림 남십자성 되어
마루에서 서성이는 나를
웃음 지으며 지켜보시네
그리움이 밀려오는 흰 파도

하늘에서도 안쓰러워
아직도 못다 한 정

함박눈으로 대소쿠리에 담아
명주 천 환한 웃음 지으시네

* 2021.2.19 〈충북일보〉 아침을 여는 시.

방차고개

초저녁 설핏 하늘 시들더니
구름도 가리고 별빛 숨어버린
안개가 쓸어버린 밤공기 아쓱한데
부슬부슬 내리는 봄비
삼월 그믐 초저녁

단, 청상과부는
쌀보리 두 자루 보따리 이고
장정 다섯 합세해도 무서워
아예 넘지 못하였던
방차고개*를 넘는다.

서낭당 길 돌무덤 굽이돌며
애청** 수천 개 원귀의 울음소리
젖 달라고 밥 달라고
애처롭지 못해 소름 끼치는
올챙이들의 서러운 눈물

저승에서 굶주리던 원귀들이
어머니의 앞길 막으며
임질 보따리 모두 내놓으란다
굳게 어금니 이빨 꽉 깨무시고
아들 하나 성양 불 보듯 달린다

아치가 잡아끌건
염라대왕이 쫓아오건
귀에 쟁쟁거리는 마귀 소리를 밀치며
부리나케 아들만 보고
방차고개를 넘어오시던 어머님

* 방차고개: 음성군 음성읍 신천리와 원남면 하당리
  사이에 있는 음성군 공동묘지 고개.
** 애총(아총 兒冢): 핏덩이 체 죽은 아기들의 무덤.

별 하나

별 하나
나 하나
별 둘
나 둘

음력 팔월 열나흘
아버지 말없이 떠나시어
밤새워 지새우는 청상과부의
별 하나

산 넘어 비탈밭
자식이 눈에 삼삼
손 부르트며 개간하는
별 하나

더 무엇을 얻으려고
고개도 비틀어지는 임질

뛰고 엎어지고 일어나던
별 하나

비바람 앞 뒤안길이
눈보라 속 고드름
그립도다
별 하나

견디기 어려운 서글픔
꺼지는 짚불을 살리려고
옹이가 되어 말라버린
별 하나

세월이 흐른 무덤에
흙살을 부어도
한이 서려 풀이 마르는
별 하나

그리운 아버님 만나시고
실컷 우시고 실컷 웃어요.
철없던 나에게는 용서를
별 하나

어머님의 밥상

댑싸리비로 마당 쓸어
한쪽 거름 밭으로 몰 때.
어머님은 질항아리에 물 잔뜩
똬리 머리 얹고 귀 쥐고 이고
고쿠락 불 지피고
부지깽이 털면
다시 지피고 뜸 들이면
마당까지 구수한 맛

문고리는 쩍 쩍 손에 붙고
호 호 찬 김 서려도
못생긴 배추 날개
보글보글 끓는 국
젓갈 무김치 크게 썬 것
화로에 삼발이 걸친 된장 끓으면
햇살도 모자母子를 반기는
아랫목에 놓인 어머님의 밥상

세수

나 너무 어릴 때
한 겨울 아침 일찍 깨서
뚜껑 덮은 동네 옹달샘
큰 대야에 담아
파도를 만든다

소스라치게 놀라
얼굴 덜 덜 새 파라고
청벽에 부딪쳐 하늘 높게 솟고
얼음장 속살 멍멍,
덩그러니 고드름
옷소매로 붙들고

삼베 수건으로
유리창을 닦아내고
두 손 모아 미지를 향해
명상에 잠기면

어제도 오늘도 내일도
하루를 만드는 이정표

어머님 마음

걸음도 비실비실 고개 삐딱
병들고 약한 아들 무당 찾아보며
바람에 날아갈까 기죽을까 봐

색동저고리 무명바지 입히면
맑은 콧물 주르르 훔칠 훔칠
하루도 못 입어 쌀풀 발랐지

목양말 신겨주면
발가락 뒤꿈치 왜 그리 달든지
다른 헝겊 바느질로 누벼 주었지!

키도 제일 작아
앞줄 맨 앞 옆으로 나란히
학교 보내면서도 마음 못 놓았지

솜털 뽀송뽀송 핏덩이를

구레나룻 나도록
희망을 잃지를 않았지!

어머님의 말씀

구름 뭉쳐
    비 쬐금
햇빛 났다가
    검은 구름 지나가다
한줄기 소낙비
    햇볕 들다
어머님의 말씀은
    녹두방정 떠는
미친년이 시집가나?

문지방 넘어와서
    마루에서 서성이다
방으로 들어와 무얼 찾나?
    대청마루에서 하늘보다
갑자기 창문 닫고
    책상 서랍 뒤지네
어머님의 말씀은

저 돌대가리 봐
할아버지 잃어버린 할망구

이리 갈까 봐 저리 갈까?
　　담 모퉁이 서성이며
돌아가다 돌아와
　　남의 집 대문 앞에
안절부절못하고
　　가슴 치며 담 넘겨보는
어머님의 말씀은
　　옆집 색시 믿다가
말도 못 하고 죽은 몽달귀신

옷 세 벌

아버님은
동네 청년들 데리고
북쪽이 좋아라 가신 모양
나는 아버님의 얼굴을 모른다

어머님은
병약하고 어린애 축에도 못 드는
우는 나를 업고 다녔지!

어머님은
아버님의 제사는 지내지 말라고 하셨지!
꼭 오실 거라 기다린다고

어머님은
설, 추석 전 전날이시면
아버님의 베 잠방, 모시 적삼, 솜저고리 바지
세 벌을 꺼내 다리미질하여

접고 다시 접고 다시 개면
눈물이 글썽
어머님의 속마음 모를 때

어느 날
둘째 이모부 자다
그림지도 그려 도망가셨지!
급해 붙들어서
이것은 형님 베잠방이야
아침 새벽도 안 되어 없네

어느 해
셋째 이모부와 감 지고 이고
부산 국제시장에서 팔고
경부선 타고 돌아오다 없어지셨지!
이것은 형님 모시 적삼, 바지야
묘소에서 태워 버렸지!

어머님 병원에 가시니
일 너무 하셔서 기력이 없다고
영양제 한 대 맞으라던 의사
자식이 무어기에
돈 축낸다고 나오시더라

아버지 제사 지내고는
바르게 드러누워서
나에게 마지막이었던
말 한 마디

내 죽으면 내 남편 네 아버지
옷 한 벌 남은
내 시집올 때 장롱 속에 넣어둔
따뜻한 솜바지
꼭 나에게 넣어주게

그 날 정월 초이틀 새벽 두 시
전화로 흑 흑 아내의 목소리
임종도 못 한
어머님

아버님 사진도 없고 얼굴도 모르는
어머님의 얼굴만 그리며
아버님의 사랑을 가르치신 어머님
마지막 관속에 넣어 둔
따뜻한 아버지의 솜바지
울음만 나옵니다
어머니

주검

죽음이라 삶의 끝이 아니오.
우리가 죽은 뒤에
단지
세상을 가보지 못했을 따름

수천억 개의 원소가 화합하여
생명체가 태어났으면
죽어서도 원소로 분산되어
제각각 빌린 것을
다시 자연으로 돌아가는 것
그 이치를 깨닫지 못하였구나?

원자는 흩어지는
흙으로 돌아가 원죄原罪
물바람 다른 생명체와 결합하고
육체는 없어지고 영혼이 어디 있으며
갈 때는 땅이 아니오
하늘이 어디 있는가?

제사祭祀

베수건 재를 묻혀
놋그릇 거울보다 깨끗이 닦고
목기 그릇 윤이 나게 걸레질
고쿠락 불 지펴 지름 적 탕국
지방 정성스럽게
조상 오시라고 문 활짝

떠나가신 아버님의 생이별
얼굴도 모르면서
영정도 무덤도 없는
날자 잡아 시월 상달 초사흘에

향불 피워 진한 연기 속에
아버님의 그리움에
어머님은 속 눈물 흘릴 때
나는 그저 절만 꾸뻑

어머님 돌아가신 정월 초이틀
두 분 기제사 지낼 땐
나에게 주신 사랑만큼
효도 못 한 죄책감에
그리운 정 다시 새기며
두 분 강령하시라고

달達은 하늘에서 목련이 되고
나의 마음은 바람이 되어
손은 떨리고 가슴이 미어지고
상 위 오곡 백화가 모두 눈물 흘리는데
옆에서 통곡의 아내
나 혼자 제주는 석 잔을 부으면
나도 가야지
한숨 지며 절을 한다

초하루 보름 단촐한 제사

따로 차린 제물
비문 앞에 진설하고
목련 숲 개나리꽃 피는
우리 달의 대문에서
어머님 아버님 손주하고 사는 곳에
절 한배 두 배 세 배
산 까치가 참나무에 앉아 보아도
눈물 고인 죽장의 문

가을이 익어가는 소리

하늘은 더없이 높고 푸른데
떠나가면서 하얀 구름이 그림을 그리고
저녁노을도 붉게 물들어 질 때
얘기 손도 모자라 밤까지 뛰면은
밀짚모자 흰옷으로 허수아비가 들녘을 지킨다

새 녁 벽 서늘한가? 한낮의 따가운 햇살에
빨가게 능금 대추 가지마다 매달고
고추는 이엉으로 이사를 하고
덩달아 제비도 채비를 하면
벼가 누렇게 익어서 절을 한다

누렁 호박은 담장 위에 뒹굴고
흰 박은 초가지붕에 앉아 염불을 외우면
주렁주렁 매달린 조롱박 수세미도 합장을 하고
가르마길 양 언덕에 코스모스 한들거리면
산길 들길 따라 뽀오얀 구절초 푸른 벌개미취에

은행잎을 책갈피에 끼우면서
고향이며 친구들 모습 가슴을 저민다.

바라 장대에 조는 빨간 고추잠자리
수수깡 위 하늘하늘 맴도는 누런 된장잠자리 떼
산골짜기 이곳저곳 떡메 소리에 도토리 줍고
쓰르럼 매미 신나게 노래 부를 때

초록빛 치마를 단풍으로 물을 들이면
산 넘어 밭 고구마 옥돌이 쌓이고
함박눈 올 때 아이들 화톳불 생각하니
가을 걸이에 굵은 이맛살에도 웃음이 가득하다.

자식들 잘되라고

고랑 높게 갈개 지어
두둑에 씨앗 뿌리면
하늘 치켜 보는 새싹에도
마음은 안절부절

성에 끼어 땅이 부어올라
흰 뿌리 나 죽는다
소리 지르기 전에
몸 둘 바를 모으는 어버이

떡메질에 정성 들여
꼭꼭 밟아 주고
사월 장마질까 마음 졸여
도랑 깊고 높게 파주면서

풋보리에 만족해도 좋으련만
보리타작 신났어도

이마에 물수건 동여매고
지쳐 누운 어버이

초승달*

별보다 더 빛나던
실 솜 같은 내 사랑
눈썹 하나
가슴에 더 그리지

서쪽 하늘에 갈고리
둥그렇게 다시 접어
탬버린 노리개를
우리 얘기 달래 주려나

누이 시집가던 날
어머님 눈물로
초저녁 서성이는데
눈시울이 초승달이어라

* 2022.8.30 〈충북일보〉 아침을 여는 시.

홍시의 사랑

장사 하시다 남은
반 홍시, 터진 홍시
뒤뜰 장독대 넣어

동지 눈 쌓인 밤에
등잔불 밑 공부하면
다디단 홍시 주었지

나 먹기 너무 아까워
숟갈로 조금씩 조금씩 파먹던
어머님 홍시의 사랑

영광榮光

어버이의 사랑으로 태어나
나도 모르게
아버지 영영 북北으로

걸음 비실~ 비실
어머님 등에 업혀
일곱 살 때 뒷걸음질

학교에서 앞줄서면 양팔 나란히
비쩍 마른 꼬마
오십 늙은 쉰 목소리

청상과부 어머니
언제 영화를 볼까? 하시다가
희망을 버리지 않은

초등학교 이 학년 때

육지 코끼리와 바다 고래 힘자랑
토끼와 거북이의 낭독

육학년 선배까지
아니 세상을 놀라게 했지!
꽤 자랑스럽기만 하였지.

캄캄한 어둠이 찾아오더니
강과 산 하늘까지
검은 흙빛으로 변하였지.

낙방 낙방 또 낙방
암울하던 시절 지푸라기도 잡을 데 없어
해님 부처님에게 기도드리고

연좌緣坐 검은 굴레를 벗고
흙들을 다듬어서 동銅메달 따는 날

면서기 어머니의 영광

내 둘도 없는 외아들이
금이야 옥이야 기른 정성
꿈이냐 생시인가?

당숙 사촌 자랑스럽다 하고
동네 이장 조카는 어머니 찾아와
최고最高 최고, 어린 면서기 아저씨.

제3부
슬픔

눈물

네 개 버팀목을
잘못 놓은 주춧돌
헛일하네

다시 세울까?
더욱 높고 크게
눈물겨워, 힘드네

술로 잃어버리자
한없이 지새우는 밤
울지도 못하는 눈물

달은 숨어 버리고
별도 묻혀버리면
고독의 마음을 전한다

하늘은 저 멀리 가고

땅은 깊이 꺼지고
바닷물도 마르네

산 막히고
조각배까지 떠나 버린 자리
발 동동 허공만

밤 지새우며
소낙비 한 줄금 이라고 했는데
하염없이 흐르는 눈물

무언의 있었기에
시냇물로 흘러
바다를 이루고

가슴 옹이를 박고
너에게 가지도 못하는
신神들이 보내는 선물

마음
― 아들을 본 心情

재롱떨던 너를 만나
종이비행기 접어주고
힘껏 던져 보아도
천둥이 치며 벼락이 오는 것을

흰 나룻배도 띄워 보았다
마른강물에 무엇 하나
니 마음에서는
38년의 가뭄이 든 것을

요 며칠 전 우리 앞에서
사기그릇 큰 잔 채 마시다
숨어 있는 진실을
토하지 못하고

성공이며 명예를 뒤로 한 채
목련 웃는 그 얼굴

영원히 간직하리
하늘을 향해 잘 가려무나

모든 사람
이승이 좋다고 하는데
너도 갈 곳이 못 된다고 하더니
혼자 떠나는 어린 네 마음

같이 간다고 필요하지 않고
외로움 네 가슴에 안고 가는
자연으로 돌아가는 길
내 삭신을 모두 나누어 주고 싶네

꽃을 든 사자死者들이 절을 하고
야차들은 길을 터놓고 사열을 하면
저승사자는 너와 손잡고 갈 때
염라대왕은 너를 반기려는 가

슬픔

좋고 나쁜 소식
구름은 안다마는
전하는지도 알리지도 않았다

시냇물에 종이배 띄워도
편지는 돌 위에 걸리고
칠색 무지개도 굶주리어
배 불쑥 들어가
우체통까지 가지를 못 해
영영 소식 전하질 못한다

검은 신발 모자 다 버리고
달은 곱게 이지러져
뒤돌아 눈물 흘리면
목련 꽃망울이 피지 못한 채
떼 밭에 노디는
하늘에 걸친 사다리 타고
힘들 게 힘들게 올라가네

아!
얼굴에 이승의 슬픔을
아름다운 흰 구슬 꿰여
함박눈으로 치장을 한다

대관령 추풍령 넘어가는 장송곡
과거 보러 가는 선비야
빈 주머니 주먹밥도 못 싸주네

너의 재롱, 사랑, 슬픔을 않은 체
모두 너를 안아 주지 않으니
바람도 없는 천상天上으로 가는 길

징 꽹과리 작은 북 두드리며
별들과 함께 춤을 추네
하늘나라 꽃 잔치 벌이면서
모두 나와서 반기나?

아들아 돌아오라

세상에 태어나면 자연으로 돌아간다는 것
다 아는데

세 살 적에 죽으면 죽은 자식 나이 세기라 했다
열네 살에 죽으면 애통哀痛하다고 했지!
스무 살에 죽으면 아버지의 눈이 먼다고 했다
옛 공자孔子의 제자 자하子夏
아들이 죽어 눈이 멀어
상명지통喪明之痛이라 말했다

손을 흔들며 뛰어서
아들아 돌아올 수 없는가?

할아버지가 돌아가시면 호상護喪이라 했고
부모가 돌아가시면 하늘이 무너진다고
천붕지통天崩之痛이라 말했다

아내가 죽으면

동이를 두드리면서 노래했지!
자연으로 돌아가는 것을 축복하였지
고분지통叩盆之痛이라 말했다

울어도 보고 웃어도 보게
아들아 돌아올 수 없는가?

너 하나 기르면서 행복했는데
재롱을 피우며 사랑 기쁨을 주고
전교 일등 할 때 어깨도 으쓱
고생이 아니라 즐거워했지!

네가 아버지라고 부리던 것이
공무원의 꽃도 달아 보며
이승에서 효도였는데
그것이 눈물이 되다니

하늘을 헤치고 구름을 타고
아들아 돌아올 수 없는가?

어이 어이 1

어이 어이~
네가 가는
저승길 멀고 멀다

어이 어이~
북망산천 웬 말인가?
가지 말라 가질 마라

어이 어이~
빈손 쥐고 가는 이여
빨리도 서두르나?

어이 어이~
늙은이 어찌하려
한 번 가면 못 오는 길

어이 어이~

모두가 서러운 길
구름 속에 숨어버려

어이 어이 2
― 흘러가는 세상世上

어이 어이~
흘러가는 세상世上
아버님 어머님 먼저 가시고
의지할 곳 다 보내고
이제는 나를 부르지!

어이 어이~
흘러가는 세상世上
아버님 꾸중 듣던 일
몸 맡길 사람 없기에
어머님 젖가슴 속으로 간다네

어이 어이~
흘러가는 세상世上
희망을 그리던 나날
나도 아들에게 그랬지
청운의 꿈 바랬는데

어이 어이~
흘러가는 세상世上
암울한 세상 태어나
무지개 영화를 기다렸는데
뒤범벅되었지

어이 어이~
흘러가는 세상世上
돈 벌라 새끼 치다꺼리
구름을 안고 광풍 바람 불면
고목이 넘어가지 않으려고

어이 어이~
흘러가는 세상世上
냇가 따라 강물 따라
황망한 지평선 만 보이는
삼십 대의 물결이었지

어이 어이~
흘러가는 세상世上
서쪽 새 우는 밤을 새우며
풍운을 잡아보려는 꿈이 서린
사십 대의 길이었지

어이 어이~
흘러가는 세상世上
그리움 만들려고
부엉이 잿토끼 잡아 집에 갖다 주던
오십 대 길이었지

어이 어이~
흘러가는 세상世上
이제 한숨 쉬며 평화롭다 했는데
시집 장가 보내려고 했는데
인간만사 새옹지마 육십 대 길이었지

어이 어이~
흘러가는 세상世上
아프다고 말하지 말게 나
저승 간 사람 소식이 없는데
황혼의 들녘에서 그림자 밟는 길이었지

어이 어이~
흘러가는 세상世上
주머니 없는 수의 옷
엽전 세 개 입에 문다네
백 살짜리도 싫어하지

어이 어이~
흘러가는 세상世上
글 잘 짓는 문장, 천자
저승 오라고 불러도
달걀귀신 될지언정 대답하지 않지!

어이 어이~

흘러가는 세상世上

두보杜甫같이 찌게 미 짜서 먹고 취한 체로

이백李白은 달을 붙들다

굴원屈原은 큰 돌 몸을 잡고 멱나汨羅에서 죽었지!

어이 어이~

흘러가는 세상世上

박제상朴堤上은 망부석望夫石

가슴에 품어 놓고 죽었지!

그러니 개똥밭에서 굴러도 이승이 좋다네

어이 어이~

흘러가는 세상世上

칠팔십이 적다고

백이 억울하다고

백오십 먹어도 재산을 쥐네

어이 어이~
흘러가는 세상世上
아버님 어머님 그러하듯
저녁노을 긴 그림자 질 때
너도 가고 나도 가야지

어이 어이~
흘러가는 세상世上
곱게 붉은 단풍 함박눈 쏟아지면
사닥다리 하늘에 놓을 때
나도 가고 너도 가야지!

어이 어이~
흘러가는 세상世上
양택 묘지는 어디 있는가?
썩기 전에 이 몸 불을 태워
흰 구름 되어 혼백이나 남을는지

애환 哀患
— 내 자식 옹이로 남아

가슴에 묻은 자식
말 못 할 사연
꿈길마다 오작교
귀에 부시시 소리
들릴 듯 말 듯

삼신산 三神山 할머니
점지한 외아들
눈물겹게 키웠을 것만
할머니 따라 뒤돌아보며
떠날 듯 말듯

꽃도 피기 전에
내 가슴에 옹이로 박혀
주먹으로 쳐 가며
마지막 네 웃음 찾으려 해도
잡힐 듯 말 듯

눈물 넘치어
강물 되니
한탄강에 물살 깊어
꽃띠 자식 다시 와
안길 듯 말 듯

불길 뜨겁다
외마디 비명에
맷돌 돌아 마지막 몸부림
환생한 네 모습
보일 듯 말 듯

울지 마라

대낮인데
너 그리
슬피 우는 걸 보니
심술궂은 뻐꾸기
알 훔쳐 가서
남편 기다리며 지새웠구나
구구거리는 엄마 비틀기야

저녁인데
너 그리
슬피 우는 걸 보니
주인집 굴뚝 허물어져
연기 새는구나
어디로 가야 할지 갈피 못 잡는
엄마 기다리는 어린 굴뚝새야

밤이 초경인데

너 그리
슬피 우는 걸 보니
어린 아기 간 곳 몰라
바위 청벽을 돌고 돌아도
두 눈을 부릅떠도 보이지 않아
하늘을 헤매느냐 어미 부엉이야

삼경인데
너 그리
슬피 우는 걸 보니
부모 여의고
고향을 잊었나
가고 오는 길 모르는
어미 잃은 소쩍새야

애간장 태우지 마라
어버이가 도닥거리며

알이며 자식 찾아 주고
고향에 난 길 알려 주고
주인집 제사 다 끝나고
노래 불러 줄 터이니
울지 마라
우지 마라

삶

없으면서

첫 단추

끝 마름

채우지 못한

아!

달 1

초승달
    너의 인생
상현달
    나의 꿈

보름달
    어머니 마음
하현달
    꿈으로 돌아가지!

샛별
    함께 뜨면
산 밑에 숨는 달
    등불 밝히지

맑은 하늘
    온 천지 펴지기 전

일찍 일어나서
　강물 마라야지

달 2

(하현달)
    눈썹 고와
아내의 꽃단장
    넓은 이마는
인자한 어버이

(보름달)
    속 살 다 드러난 딸 얼굴
며느리 마음속
    쑥쑥 자라나는 손자
큰 텀블링 둥근 원

환하게 미소 짓는
    부처의 마음
너나 나나 모두
    비라는 소망

(하현달)
    골방 댓고 바리 입에 문 할아버지
재떨이에 탁~ 딱 두들기면
    허의 흰 할머니도
새벽 기침 한 번 하고 일어난다

(達 : 아들)
    달達아!
오늘도 오는가?
    그믐밤
할머니 무릎에서 잠들어 있겠구나

달 3

열아흐레 달 너무 서러워
코 닫는 마을 큰딸한테
머나먼 작은 딸 두바이에
북새통 떠는 서울 아파트 셋째 딸 비추는데
하늘에 있는 아들에게도 비추어 주려나?

지는 달이 가면서
너무 서러워
또 다른 달이 올까?
눈물 먹으며
우리들의 아파트 위에 머물고 싶다고

왜?
이리 달達이
옹이 만 키우는 것일까?
이태백이 쪽배를 타고 총석정에서
달을 잡다 죽던 날.

어이!
허허~
금수산錦繡山에 달 띄워도
열아흐레 달이 보고파

네 얼굴 내밀면
편 편 조각구름
얼굴 보지 말라며
구름이 앞을 가린다.

너는
언어言語가 생기기 전
허공虛空 이전으로 돌아갔으니
얼굴도 형상만을 남기고

말도 편지지 못하는가?

오늘
3주가 꽉 찬
너를 보낸 날

잠자는 달達
― 아들

해지고 밤을 알리는 데도
달月은 적막에 아예 숨어 버리고
달達이는 어둠 속으로 사라진
섣달 스무아흐레 그믐

환한 얼굴에 따스함까지
눈을 감고 명상에 잠기면서
왜? 혼자
하늘 단칸방에 누워 있느냐?

모든 꽃은 다 피고
한더위 지나서
곱게 익은 단풍 물들이면
마지막 엄동설한인데

이틀 남은 설날 기다리지 못해
당당한 젊음을 어디에 두고

아름다운 목련 훨훨 불태워
하늘로 올라가려는 가

기쁨으로 하늘로 간다는 데
눈물의 피안 골로 사라지는
처음이며 마지막 입어보는 의상
안쓰럽고 애처롭구나

마지막 장막에 못줄을 박으면
친구들이 너를 감싸 주지만
모두 통곡의 언덕 흐르는 눈물
달達아 달아!
불러도 대답이 없구나

문창호 지에 싼 그대
잡초에서 자란 이름 없는 꽃
어쩌면 산사에서 들리는 목탁 소리처럼

그대 향기 퍼지지요

호수에서 떠도는 부초浮草
사랑을 잔뜩 준다면
그것은 헛소리의 눈물 목멤을
한 줌 안 남기고 몸은 찢어지고
영혼마저 잡지 못하는 이별

서른여덟이 되려면 이틀 남았는데
바람으로 왔다가
달이는 달을 찾아가는
향기 없는 목련이 되었구려

함박눈에 시달림을 받던 목련
눈물 슬픔으로 앉긴 체
나흘을 붙잡아 두었다가
개나리 동산에 들어갔지

가는 날 칼 얼음 밟고 떠나더니
함박꽃 눈 올 때 불을 피우고
진눈깨비 오며 지척거렸지
다음 날 하늘 맑고 청명하더라

아버님 어머님 명패 밑에
너의 이름표를 다는
목련 마을 개나리 동산 문 앞에서
사랑 그리움 뒤범벅이 된 눈물

강물에 비치는 달

낚싯대를 붙들고
하늘에서 잠들면
얼음이 쌓여
나에게 오고 있는 그림자
강변에 비치던 달

작년에 밤은
진눈깨비가 내렸는데
올해는 풍년을 맞이하려나.
함박눈이 내리는
강물에 비치던 달

섣달 스무여둘 날 밤
창문을 열어라
향을 피우고 쌍 촛불을 켜고
청주를 부어 본다
강물에 비치던 달

스무아흐레 밤이 깊어
먹구름에 별까지 사라진 하늘에서
사모관대 어사와 꽂고
발자국도 없이
강변에 비치던 달

소주를 사발로 벌컥벌컥
가슴과 머리는 이지러져
사랑 이야기가 뭉치면
슬픔으로 에워 싸이는
강변에 비치던 달

흰빛 애타게 기다리면
달의 목소리 들리지 않지만
말랑말랑한 떡가래를 먹으면서
웃으면서 나의 등에 업혀 있는
강변에 비치던 달

사각모자, 헌책, 사진만 남기고
달이 살고 싶어 하는 미지에
아름답게 생긴 개나리꽃이
목련 숲 동산만을 바라보는
강변에 비치던 달

조금씩, 조금씩 삼경을 지나면
눈발이 그치면서
나 몰래 숨소리는 잠들어도
촛불을 눈물로 꺼야지
강변에 비치던 달

가슴속에서만 남는 달
꿈에도 나타나지 않는 달
다만, 가끔 나만 그려보는 달
옹이가 되어 기다리는
강물에서만 비치던 달

염라대왕閻羅大王

금수산錦繡山 밑에
곤륜산崑崙山 위에
서왕모西王母는
이승과 저승 사이에서 술을 판다.

염라대왕閻羅大王 마음에 들면
세 살 애기도 데려가고
똑똑하게 일 잘하는
재상도 데려간다.

하늘도 무심하시지
어영부영 놀고, 죄지은 사람 명부는 없고
염라대왕 생각지도 않고
염라국 필요한 사람만 데려간다

저승사자 18만 옥졸
박달나무 육모방망이 흔들면

하늘도 못 말리지
임금이 빌어도 소용없지!
염라대왕에게 맡긴 세상

불火

몸 천 근
머리는 땅으로 처지고
마음만 활~활 타는
불

숨 못 쉬도록
손발이 동태
비실비실 의지할 곳 없는
불

땅은 지옥을 불러
하늘 검게 타
사라져 버리고 재만 남은
불

몽둥이 하나 들고
이곳저곳 닥치는 대로

때리고 부수고 던지고 태우는
불

제4부
목련

꽃 절
— 화사花寺

문지방 넘다 사천왕이
눈 크게 부릅뜨시고 큰 칼 들고 서 있어
간이 콩알만 해져 안절부절
황금 칠한 부처님께
얼른 두 번 세 번 절

내 죄 많이 잘못했나?
녹두방정 떠는 가슴
두 손 모아 합장하다가는
관세음보살임 찾으며
또다시 절
어린 내 마음

풍경 소리 목탁 소리
바람에 밀려들어 이산 저산 울리고
파란 꽃잎 붉은 꽃잎 이지러져
꽃 냄새 어머님 따라
젓 티 나던 어린아이

깎아진 벽 굴속
촛불 올린 바위틈
방울방울 떨어지는 신수神水
작은 표주박에 담아
부처님이 주시는 만병통치

촛불이 타면 탈수록 생명의 아쉬움을
건강 평안 행복과 부富
부처님께 기대보는 중생들

동자 스님 목에 염주 허리까지 늘어뜨리고
백팔번뇌 손으로 하나하나 만지면서
나무아미타불 관세음보살
불심을 심어주던
처음 가본 꽃 절

느티나무 산마루

느티나무 산마루
넘어가기 아쉬워
외돌목 뒤에서
지척거리는 손 저음

치성드린 왼 새끼며
바람결에 가지만 울고
남루한 옷 여미며
시루떡에 안긴 발자욱

깜부기 지나간 자리
조그마 조그마 가슴 시려
달빛에 물들여진 그림자
한 조각 빛바랜 외톨 톨이

기다리다 지워지지 않는
지쳐 버린 환쟁이 얼굴
오직! 나를 붙드는 성황당
느티나무 산마루

귀뚜라미 노래

입추에 쌍 귀뚜라미들의 협주곡
달빛에 젖은 코스모스 춤추면
두 삐 약병아리 옹달샘을 풀무질하며
말복 더 뜨거운 미역 질에도
나뭇잎도 손뼉 치는 귀뚜라미 노래

제비는 강남으로 떠나면서
삼짇날 목련이 피기를 기다리며
오는 기러기는 옛이야기 담아
노랑 손수건에 별빛 수 놓아
파도처럼 밀려오는 귀뚜라미 노래

니도 그러냐

삼신산 할머니 점지하여
나는 니 때문에
웃음 지며 살았는데

니
하늘나라 이사 가서
나를 잊어도
우린 니를 보려
얕은 설 잠 새우다 날이 새어
제물 축문 들고
니를 만나러 가야지

더디다고 재촉하는
목련 공원 가는 길

오지 못해 서려 있는 기다림
가보니 더 서러움 만남

서울에 가면서도
사랑 기쁨 그리움 두고
우리만 남기고 떠났는데
왜?
오지 못하는 곳 가는가?

허이헌 하늘 속에 피어오르는 것은
재롱 피우던 일
잊지 못하였던 사랑

이제 떠나고
아지랑이 솟구치면
굽이굽이 감싸 오는
먼 산모퉁이에서 지쳐버린 기다림
돌아올 것같이 보일 듯 말듯
우리라네

목련 한그루
또
진달래 한 아름 안고 가니
우리에게 안기려나

가슴에는 꽃을 담았어도
멍든 옹이로 변해
앞에서는 웃음 돌아서면 눈물

저무는 해 황혼 긴 그림자 늘어질 때까지
한없이 서 있다가
밝은 달 만나도
눈물 까지 잎사귀에 맺는구나!

별 총 총 바위 청 벽 밑에
홀로 앉은 외 홀어미 마음으로

어찌할까 좌불안석 기다림
니도 나처럼 그러냐

햇빛

부싯돌을 켠 햇빛 갈가리 다가와
창에 낀 서리를 녹이면서
솜이불 더 따뜻하게
우리 아기 더 자라고

강물 송사리 떼 몰려 춤추면
푸른 못을 반짝이게 수를 놓더니
바닷가 찾아 가 파도에 밀리는
자갈들 죄다 비추네

그림자 길게 늘어뜨리면서
황혼에 잠길 때
주막집마다 찾아 가
이런저런 사는 얘기 들으면서

가는 길손 손짓하며
마지막 인사하는 서산
어두운 밤 지키라고

달 별 어서 오라고 부르지!

빈 그림자
― 빈 잔

사랑했던 순이여
떠나는 뒷모습
잡으려니 잡히지 않고
희미한 등불 속으로
연기처럼 사라지는
빈 그림자에 어두움

그토록 그리웠기에
가슴에만 있는 것을
더듬더듬 찾으려 해도
구름에 보일 듯 보이질 않네
시름에 잠겨 버린
빈 그림자만 남을 뿐

주룩주룩 비 오는 날
담배 연기 가득한 산장의 카페
순이의 웃는 모습 그려도

찻잔 속으로 없어지는
그리움만 생각나는
빈잔~ 빈잔

순이는 나의 망초꽃
그렇게 그리워해도
멀리서도 보지 못하는
이제 옛이야기 속으로
세월에 떠나간 순이
빈 잔 속으로 사라졌다.

수수께끼를 풀지 못하면서
가슴 속 깊이
그리움만 맴돌다가
허공에 떠 있는
순이가 두고 간
빈잔 빈잔~

빈 놈들

알찬 일 누가 할까?
지레 겁을 먹고
엉겁결에
허둥대며 자기 자랑
모자람 일시 채우는 것
허파에 바람 들어가고
헛구멍 찾지 말 게

텅 빈 하늘 밑에
허구한 날
남만 속이려
이리저리 꿰맞춘다
허송세월 보내네
헛물켠다
한숨 지며 후회 마소

마음 허한 허깨비야

쓸모없는 그릇되지 마소
방향 못 찾아 허덕거리며
허기지도록
헛기침하면서
허둥지둥 하지 마소

허름한 옷 입고
허드렛일이라도 하여
돈 벌리려다가 허드레꾼
허드렛물 되질 마소
깨진 그릇에 챙기다가
허리등뼈 다 빠지오!
헛개 빠진 빈 놈들

목련木蓮의 가여움

목련
불러도 대답도 없이
머리 돌리는구나
엄동설한 찬바람 부는데
내 가슴을 더 차게 만드네.

목련
겨울 잘 참아 내려
남 좋아라. 함박눈 내리건만
꽃봉오리 시리다.

목련
검은 구름 휘몰아치는 것
너의 시샘인가?
창밖도 보이지 않네

목련

흰빛 눈이 엉기면
움트려 하던 너
잎도 피기 전에 고이 잠드는구나.

목련
임 기다리다 맺지 못하고
이승을 버리고 가도
천상의 선녀가 손을 잡아 줄 거야

목련
하늘 꽃밭에 가거들랑
부지깽이 할머니 사랑 받으며
활짝 웃으며 마음껏 피어라.

세월 1
— 흘러간다

뱃고동 소리 크게 울릴 때
인생의 편지, 바다 위에 띄워도
어디에서 무엇 때문에 왔는지
배에서 내려 긴 시간의 기다림

긴 긴 시간 기다려도
낳지 말아야 할 몸
세 살 문밖으로 나와서
기다려도 외면한 세월

밥 한 톨 입에
어려운 공부에 시달려
세상이 빨리 갔으면 해도
하루하루가 더디 간다.

중, 고 너무 지루했고
군대 날짜 세월을 잃었다.

인상 쓰는 선임 하사
보초 서니 거꾸로 가는지

휴가 제대 기다리는 날
하루가 지겹게도
답답하던 시간 더디던 시간
세월을 잡아 두었는지

반환점을 도니 세월을 붙잡으려 해도
나 보다 더 빨리 도망친다
이제는 너무 빨라
급행열차 타는 마당

시간을 타고 세월을 타고
지금은 고운 단풍 되니
이제 함박눈 쌓이면
그믐밤이 오겠지

기고 걷고 달리고 뛰고
자전거 버스 급행열차 비행기
모두 타 봤지
세월은 흘러간다

세월 2
― 묻지 말라

너무도 바쁘게
어제저녁 거느리더니
새벽을 뒤로하고
오늘을 거느린다

곡기 들어가지 않는 세상은
천상을 보고
공동묘지 보고
절을 한다

국화는 찬 이슬 토하고
땅이 흰서리로 갈라지며
하늘은 광풍을 타고
오늘만을 위해 달린다

해하海下, 지중地中, 천상天上까지도
올라가고 내려오고 바쁜데

선녀들이 손짓하듯
쉴 새 없이 오늘만 달린다

세상의 일을 모두 돌고 도는데
왜?
세월이 다람쥐 쳇바퀴 돌 듯
오늘만을 달리는가?

해를 쫓아가고 달, 별 이끌고
왜?
분초 쉬지도 않고
오늘만을 달리는가?

물어 보았지
그런 얘기 하지 마
용왕龍王, 지왕地王, 천황天皇을 알고
나도 모르게 돌고 있다

좋은 것 나쁜 것 상관하지 않고
그저 정으로
선생님은 검은 칠판에
백 분필로 천ㅈ 자 하나만

두 황혼黃昏

열여덟 때 보면
가슴이 뛰더니
칠팔십 오가는 길
다리를 넘지 못하는 황혼이여!

꽃이 필 땐
웃던 황혼
이마에 피는 주름살
손 다리미질 황혼이여!

햇빛 갈래 비단 머릿결
꾸미고 꾸몄는데
남은 머리 세어보니
봄이 와도 녹지 않는 황혼이여!

세월아 빨리 와라
청운의 황혼의 꿈을
네월아 가지 마라

붙잡지도 못하겠네 황혼이여!

호박꽃

장마 끝난 입추立秋
극성이던 호랑이 복더위를
밤이슬 먹으며 기다리는 칠석七夕날
하늘 담장 오른 직녀織女의 꿈
멀리 바라만 보던 견우肩羽의 만남

처서處暑 오는 발자욱에
벌 나비 너도나도 춤을 추면
어머님 담장 밑동에 그려진
함박웃음 터질 때
기뻐 흐르는 비취의 노랑 눈물

달빛 옥토기 항아姮娥가
하늘의 수술대 후예后羿를 만나
오색 나팔 불며 아우르지!
청개구리 애호박만 남긴
촌부의 마음 오색별빛 호박꽃

황혼黃昏 1

서산 꼭대기에 앉은 해가
붉은 햇살 마지막 토해내며
그림자 길게 늘어뜨리고
무언가를 기다리는가?

어둑어둑할 때가 되나?
어스름한 빛 만들며
희미해지는 것일까?
넘어가기 너무 서러운가?

나이 먹으니 아름답다고 하다지만
사자死者로 가기 전 말을 더듬거리며
숨도 욕심인가 뱉지를 못하고
해는 다시 온다는 희망을

황혼黃昏 2

뉘였 뉘였
  해 질 때
마지막 빛
  붉게
물들어
  사랑으로 남기리
내 품었던
  둥근 원을 그리며
황혼으로 비추어

모두 마지막
  나의 생애 운명
꽃 지는 씨앗
  이승에서
염혼殮昏으로
  가기 전
검은 두 신발
  아름답게 남기고

황혼黃昏의 뒤안길로

제5부
그리움에

봄 처녀

떠꺼머리총각
소녀에게 푸름을 싹트게 하네
가슴속 미련이 생기네
흔들리네
나아가기로 할까 말까?

떠꺼머리총각
소녀에게 감미로운 휘파람 불어대네
사랑의 연정 싹트네
물결치네
나아갈까 생각 중이네

떠꺼머리총각
소녀를 위해 하모니카를 부네
마음속 사랑
어지러워
나아갈까 조마조마하네

떠꺼머리총각
담 넘어 작은 목소리로 부르면
얼른 만나고 싶은 마음
싱숭생숭
오빠, 아버지 모르게 담을 넘네

떠꺼머리총각
호박 덩굴 받침대 밑에 숨어 있네
처음 보는 외간 남자에게
두근두근
가슴에 피어나는 봄 처녀 순정

애상 哀想

그리움 뒤엉킨 사랑은
달이 높이 솟아
새벽을 알리는 종소리에도
비추던 사랑을 안 했지!

달은
그의 왕국을 빼앗기더니
영원히 늙지도 않는
트로이아 전사로 되었지!

이슬의 통곡 속에서
목숨도 내려놓은 채
한 개의 개나리꽃이 피어
잠들어 버렸지!

새들이 하늘 높이 솟아
지상에 천진무구만을 남긴 채

아침 성애 마르지 않은 채
달은 사랑을 찾으러 떠났지!

연을 띄우고 1

겨울 모진 설풍雪風을 잡아다
가로 크게 걸쳐 앞 살 대 만들고
모든 사람 짓궂게 못다 한 폭풍暴風
오랏줄에 묶어 벼락 발로 차서
가로세로 양 뻬침 엮어 중심 살 만든다

구름 돌 돌 말아 펼쳐 대 살에 부치고
늘어뜨린 실개천 서린 것 올 실 길게 감아
달에 가서 계수나무 한쪽 가지 베어
육각 연실 꾸리 감게 만든다

바닷물 몽땅 들어서 휘몰아치는 언덕에 놓고
긴 강바닥 끝 길게 줄기 잡아 꼬리에 붙이고
천둥 번개 빛 수놓아
소낙비를 바람으로 휘감아 쥔다

십자 화살 촛불로 구워 휘이고

댓 살 머리 가운데 태극기를 붙이면
백성 모두 나와 원으로 뭉쳐 소리를 친다
흰 하늘에서 내려오고 사방 꼭지연 만들고
보름달 빨간 얼굴 홍반달연 만든다

조물주는 푸른 산을 가져와
엄마 아내 녹색 옷 입었네!
소녀들이 하늘하늘 나른다 치마연
용의 머리 얻어다가 동이연 만든다

햇살 붉은색 조금 삽으로 뜨고
남쪽 하늘 푸름 조금 떼어서
태극太極 건곤乾坤 앞에 붙이고
천당보다 저 멀리 가는 사자의 역행逆行

실타래 줄 줄 풀어 가면서
가오리연 방패연 형제엔

서로 자랑하며 모두 날며 솟구치며
이 연 이 연 서로 먼저 오르려 하네
백성들이라 아니라 할까?

아! 오늘
남녀노소 모두다
넓은 언덕에 올라
오늘도 평화롭네
실타래를 풀으며 연을 띄우자

연을 띄우고 2

서로 높이 높게 나르자
힘들면 큰 연이
힘없으면 작은 연이
보고 싶은 사람을 위하여

모든 고통 쓰라림을 이기고
그리움을 담은
편지를 전하려 멀리도 간다.

황금으로 수놓은 쌍두마차
산을 넘고 구름 너머
대지의 꿈을 품고
하늘로 올라가는 사자死者
그대 무엇을 찾으려나?

구름을 등지고 잠깐 쉬더니
주인님 보이네요.

화려한 대지가 치마폭처럼 보입니다
청주, 서울에 있는 딸이 보입니다
두바이 사막에 있는 딸까지 보입니다

연아!
더 올라가라
해가 뜨거울 때까지
연이 끄는 황금 마차
영 보이지 않는구나?

연줄이 끊어지네
연이 돌아옴을 잊었는가?
사자만 되라고 하였는데
무언의 하늘로 자취를 감추고

재롱 피우던 웃음
아들의 소식은 없고

기억에 사라지는 못다 한 정
너까지 떠날 것 같았으면
황금 마차 사자로 보내지 않을 것을

임의 그리움

나의 짝사랑인가?
임에 대해 그리움은
변함이 없는 데
임은 나를 기다려 주지 않았다

사모인곡思慕人曲 노래는
임이 불렀고
헌화가獻花歌 주인은
그리움의 산실,

숨어 버린 사랑
찾으려 해도 보이지 않는
그대 어디로 가서
밤낮으로 울어 버리네,

어제야 못다 한 사랑을
후회하는 미움으로 넘쳤는데도

지금도 가슴에 남긴
그리움 쌓인 명주실 되네

우리 솜털 벗을 나이에
약속하면서 꼭 찾아온다고
기다리니 안개 속에
보이지 않는 구름이 되어

그래서 더욱 사무쳐
죽어서 잊지를 못해
깜깜한 곳 더듬으며
찾아갔건만

저승을 모두 뒤졌으나
찾을 길 없는
오지 않을 걸 뻔히 알면서도
허망한 마음

이때나 저 때나 그리운 엽서
한 장 보내 줄 테지
사립문 까치발 서 서
기다리는 임의 그리움.

사랑의 역

세찬 북풍
문풍지 덜 덜
사랑은 나의 손을 붙잡고
가슴 시린 이야기 속
뜨거운 사랑 전할 때

해는 하늘의 부름을 받고
달은 사흘을 숨어 버리면
별들은 몽땅 쏟아져 나와
고요 속에 짐승들만 울어 주는
우리의 성냥불 켜는 사랑

한 칸짜리에 떠나는
빨간 하트의 뜨거운 포옹
사랑에 지친 나머지 모두 일그러져
우리는 모르는 간이역에
사랑만을 뒤로하고 떠난다

주막 酒幕

인생! 주막에 온 거여
자연의 섭리 영혼의 사람으로
기는 놈 달리는 놈 나르는 놈
모두 주막에서 취하네

빈손에 쥐어진 잔
갈 때도 내 잔이 아니라네
돈 내는 놈 안 내는 놈
모두 그냥 취하러 온 것인데

단 술 먹고 웃는 소리
쓴 술 먹고 우는 소리
맹 술 먹고 잘 난 척
시끌벅적 세상 구경

주막에서 떠나가는 나그네
뒤에 뒤에 오는 손님에게
자리며 잔도 내어 주고
너나 나나 자연으로 가야 하네

가고픈 마음

긴 가르맛길 걷는
걸음걸이 무거워라
머리카락도 흐트러지고
그리움이 바람에 나부낀다

난향蘭香이 속삭이는
너의 말 정말이겠지
구름이 핀 너의 살결
온몸이 따스하겠지

혼자 서성인 뒤뜰
단풍은 우수수
사각사각 마음을 밟아 보는
첫눈 함박눈을 맞으려고

기차가 숨 차 화통을 삶고
점점 기억나는 나그네는
노랑 은행 닢 편지를 쓰며
사랑의 험로라도 가고픈 마음

고독 1

수많은 닭장 속
한 켠에 갇힌 독수리

친구 텔레비전 끄고
베란다를 기대서
희미한 먼 산 바라보네

사랑이 쌓인 언덕에
그리운 사람이 보낸 편지
핸드폰을 연실 열어보나?
우체통에 넣은 사연
기다려도 오지 않는 엽서
오늘도 비가 온다

고독 2

떠도는 구름을
바르게 세워도 보고
또다시 눕혀도 본다
이래도 저래도
아른거리는 그림일 뿐

가슴 속마음을
하늘은 모르는 척하지만
모였다 흩어졌다
나의 머리는 텅 빈 고무풍선
큰 쇠망치만 들어 있다

노숙자가 되어도
구원을 받지 못하는
설거지 다 끝난 거리를 헤메이며
쓰레기통에서 그리움을 찾으려다
오늘도 구름만 흩어진다

고독 3

공원에서 찾는 연인
오늘도 만나려나
느티나무 밑 긴 의자에
홀로 앉아
이때나 저 때나 하는 마음뿐

마중 나온 새색시
언덕길을 내려올 때
애꿎은 도깨비는
염라대왕으로 변해
싸울 기력조차 주지 않는
마음 까지 잊었을 때

네 다리 휘청
이리저리 비실대며
슬픈 노래를 부르면서
언덕을 기어 올라가는
황사만 남긴 고독

고독 4

절에서 간장을 매달고
 안방에서 굴비를 매달고
도가에서 왕소금으로
금쪽같은 내 애들
해와 달이 가져가고

공자의 가르침도
도척의 도둑질도
깨 똥 철학도
논리 정연한 변호사도
잡것들이 그린 그림이요

파란 하늘이 모두 내 것인데
세월이 흐르는 곳
구름도 다 날아가듯
이제 혼자라네
세상 풍파 다 맞았는데도
오늘도 고독을 씹어 본다

고독 5

문맹이 되고
귀머거리가 되고
쓴맛 단맛 모두 사라지고
지나간 세상살이 이야기는
하늘도 모른다

어제도 엊그제도
여행이 그림자뿐
필름이 낡아지고
음향이 찢어지고
혼자 찾으려다 찾지 못한다

어린아이에게 손 잡히고
자막을 치고 나면
다시 다시 쳐도
예쁜이도 금순 이도
떠오르지 않는

감~ 감

느티나무 그리워
동구 밖을 걸어도
크게 무거운 한숨만 짊어지고
지팡이에 길 삼아
한 걸음씩 채워지는 옛날이여

빈 항아리 속에 감추어 둔
비단결 옛이야기는
막막한 하늘에서
황혼을 부르면
있는 것, 마음마저
이것저것 다 놓으라고
오늘도 눈이 펑펑 쏟아진다

나무 위키

키 크건 작건 좋아라
땅속 깊이 마음을 심고
하늘을 향해
희망을 품은 포부일 거야

땅심을 먹고 햇빛을 받으며
나쁜 공기도 먹고
녹즙을 만들어
산소만 너에게 줄 거야

앞산 먼 산 바라보며
손은 흔들고 하늘을 받들며
자물쇠로 돌 바위도 뚫어가며
바라 장대보다 더 클 거야

벼락과 번개와 눈비를 만나지만
여름 강바람이 시원하게 불 때까지

참고 견디는 위키가 될 거야

새들이 보금자리 둥지를 틀고
노루는 내 발밑에서 잠들고
사람들의 쉼터가 될 거야

바람 부는 언덕에서
유유히 흐르는 강물처럼
파도와 모래의 한(恨)만은 만남일 거야

하늘 모두가 내 마음이고
아이들 모두 다 내 집이며
어른들은 구수한 이야기도 들려줄 거야

봄이 오고 겨울이 가면
나의 쓰임새가 되면은
인간들이 나를 사진으로 남기고

톱질하기 전까지 굳건한 모습으로 살아갈 거야

나를 보고 바람 오는 것을 알고
나를 보고 봄이 오는 것을 알고
나를 보고 열매 맺는 것을 알고
나를 보고 세월 가는 것을 알 거야

미선주美扇酒

볕만 잘 드는 곳에만 살며
푸름을 감추듯 자줏빛을 먹었는가?
도포 자락은 늘어지고
옥색 치마 이쁘게 단장하더니
첫날 밤 두 잎을 서로 마주하며
합환주를 마시려나

타원형 달을 부러워하는
둥글둥글 부채에 핀 꽃
아까워서 썩어도 더 좋은 술이 되니
신이 먹으려 감추어서
서양 호스트 아예 모르고
삼황三皇 오제五帝도 한숨짓는
미선주美扇酒

금주 금성 금혼의 신부가
모든 사람의 사랑을 넣어

숨은 고행을 하며 담근 술
나의 얼굴에 박힌 광대뼈 서린 곳에
하나님을 대신해 가르침을 찾으리
사랑을 간직하라고 보내주었구나!
미선주

술 한 잔 찍어 눈으로 보고
또 술 한 잔 찍어 코를 적시니
하늘을 품고 땅을 훔쳐서 반 배를 한다
솜이불 덮고 자는 아기의 얼굴에
숨조차 평화로움이 가득하네
미선주

촌 동네 현감縣監에게 바치던 술보다
임금에게 바치던 술보다
이태백李太白이 술의 도인道人이라
시선詩仙 시성詩聖도 부러워하랴?

미선주

슬의 진미를 따지지는 못하지만
채석강採石江에 먹던 술보다,
두보杜甫가 찌께미에서 짠 술보다
신부가 나에게 보내준 것이
천지주天地酒를 마주하는 하늘의 진상품
미선주

모두 물러가라!
신선주는 따로 없다.
귀로는 들어 보아 너무 좋다 일컫는데
마음속에 깊이 담아 취하면
달과 별을 벗 삼아 시를 읽는 것도
세상 잊은 채 무릉도원에서 취해 보는 것도
사랑으로 빚어 신부님만이 만든
미선주

하나를 이루려면

도와주지 않는 하늘만
왜? 쳐다보지?
마음 막막해서일까?
다 소용이 없는 것인데
비 내리는 죽고 싶은 어느 날

강태공 낚시질에 사색만 즐기고
풋곡식 널려 놨는데
멍석까지 다 떠내려가도 책장만
부인이었던 마馬씨 도망을 갔지
70에 가 재상宰相에 올랐지

배가 엄청난 풍랑에 흔들려도
뱃전 꽉 붙들고 이루려는 마음 올곧음
가슴 답답 곤궁 困窮할수록
하나를 이루려면 한 우물 파야지
요행도 벼락부자 욕심도 버려야지